그대는 가을입니다

그대는 가을입니다

김수길 시집

그림과책

■ 작가의 말

살면서 사랑이란 아름다운 모든 것을 좋아하는 마약 같다. 아름다움은 마음을 녹여주며 편안하게 한다.

세월이 머리에 내려앉아 희끗한 색으로 물들 때쯤이면 가을이 눈앞에 와 있음을 말한다. 가을이 오고 있다는 것에 가슴 아파하기보다 가슴에 묻어놓고 즐기는 시간을 가져본다.

누구나 살면서 사랑하고 이별도 한다. 사랑할 때는 봄을 이야기하고 가을은 이별을 말하고 있다.

사랑이란 이별을 전제로 펼쳐지는 드라마이다. 영원함은 실체가 없고 존재하지 않는 상상이다.

인생의 중반을 넘기고 황혼 근처에서 바라보는 가을 앞에서 세월 이야기를 토해내면서 노래 불러보고 그림도 그리면서 석양에 수를 놓는 마음으로 이 글을 씁니다.

2019년 9월

김수길

차 례

2부

3부

4부

1부

그리운 그대 곁에 있다는 것이
행복이란 걸 알고 있기에
그대가 더욱더 그립습니다
세상이 돌고 또 돌아도
나는 그대만 사랑할 겁니다

찔레꽃

한적한 들판 끝자락에
조용히 앉아

하얀 옷에
작고 노란 수술 달고
고귀한 자태로
유혹을 거부하고

기다리는 임을 향한
향기를 담아
봄소식의 편지를
나비에게 전하며

조용한 그 자리에서
바람 따라 몸 흔들며
춤추어 보고

가냘픈 나뭇잎 손으로
찔레꽃 향기 모아
손부채질 한다

개나리 피는 언덕

파란 풀잎 입에 물고
노란 옷으로 치장한
아름다운 여인들이
캉캉 춤을 추고 있다

어우러져 어깨 부딪치며
활짝 웃는 모습으로 기분 좋게
바람 소리 리듬으로
흥에 겨워 춤을 춘다

아리따운 모습은 서양에
무의 모습을 연상케 하고
강하지 않은 향기는 동양 여인에
소박함을 보는 듯하여

아름다움에 감탄사를
개나리 아가씨에게 보내며
포근한 봄 작은 언덕길을
노래하며 발길을 옮긴다

그대 꽃에서

그대 꽃이라면
나비이고 싶습니다
그대 마음을
보고 싶습니다

그대 꽃이라면
바람이고 싶습니다
그대 이쁜 마음
흔들어 놓고 싶습니다

그대 꽃이라면
이슬이고 싶습니다
그대 모습을
오래오래 보고 싶습니다

그대 꽃이라면
향기에 취하고 싶습니다
그대 꽃 마당의
꽃분 속을 뒹굴고 싶습니다

만수야 놀자

도랑에 몸 숨기고 누가 들을세라
소리 죽여 흐르는 작은 물줄기

개울가에 보초병으로 버드나무 세워놓고
구부러진 물길 따라 작은 풀잎 띄우며

간혹 바람에 반주로 노래도 불러 보고
반겨주는 조약돌에 손잡고 악수도 하며

작은 물 흐르는 만월산이
여름 오는 길을 재촉하며 손짓하는 곳

그곳에서 도랑물에 발 담그고
고기 잡으며 우리 같이 놀자 만수야

할미꽃

아지랑이 아른거리는 언덕 위
진달래꽃 피는 봄
화려하게 몸치장하고
멀리 떠나가는 할미꽃 홀씨

지난겨울 이불이 되어주던
잔디에게 인사하고
치마폭 휼날리며
이별의 아쉬움으로 손 흔들며

새로운 세상으로 봄바람 타고
사각거리는 오래된 낙엽길 따라
휘파람 불고 춤을 추면서

부드러운 마음으로 감싸는
할미꽃 피는 언덕에 봄을
가슴에 담아 넣고 마루턱을 넘는다

달콤한 입맞춤

어여쁜 꽃향기 속에 숨겨있는 비밀
감추어진 아름다움과 은은한
유혹에 향기 찾아

머나먼 길을 돌고 주변을 돌고 돌아
그렇게 그리던 그 자리엔
환상의 꽃은 사라지고

아름답던 모습은 시든 꽃이 되고
아름답던 그윽한 향기는 풀 냄새뿐
그 많던 벌과 나비는 간 곳 없는

적막한 공간이 되어버린 현실 속에
시들어 버린 꽃잎 안아 주며
지난 아름답던 공간 속으로 가고 있다

태안이 부른다

내 고향 태안
감자꽃 필 무렵이면
아이들의 노랫소리에
들과 산을 넘어 하늘을 찌르고

방가마시 냇길 따라 둥굴레
굴리다 다랑미 산 위에서
땀 식히며 노래할 때

멀리 내월과 정주내 초가집 굴뚝에
저녁 짓는 연기 올라와
저녁 때인 줄 알던 시절

아련한 그때 태안은 아니지만
백화산은 그대로 있기에
내가 가고 싶고 가야만 할 태안

세월이 강산을 변하게 하여도
마음속에 넣어둔 고향에
그림은 쉽게 지워지는 것이 아니기에

태안 속에 내가 있는 꿈속에서
태안 향교와 백화산이
나를 부르며 손짓한다

보고 싶은 사람

보고 싶은 사람이 있습니다
얼굴이 기억이 나지 않아도
목소리가 들려오지 않아도
그 사람이 보고 싶습니다

감자꽃 필 무렵 나비 날아들 때
머리에 이쁜 꽃 꽂고 풀꽃반지 끼고
손 흔들며 사뿐사뿐 걸어오는
그대가 보고 싶습니다

봄이 무섭다고 하면서도
봄을 무척이나 좋아했고
여름이 올 거라 마중 간다며
비 오는 오솔길을 걷던 사람
여름을 재촉하는 비가 오면
그 사람이 더욱 보고 싶습니다

빗방울이 사라지고 비안개 흩어지면
보고 싶은 그대를 잠시 잊겠습니다

겨울 봄 여름 가을

부르면 거기 갈 터이다
부르면 크게 대답하리다
파란 잎이 되기 전에
하얀 꽃잎에 입맞춤하리다

봄이 가기 전에 그대를
가슴속에 간직하리다
봄이 가기 전에 그대와
꽃바람 속을 걸어가리다

꽃잎이 떨어져 무성한 나뭇잎 속에
향긋한 열매 되고 꽃이
없어진다고 하여도
아름다운 동행하리다

파란 아름다움과 노란 세상이 와도
영혼 머물 때까지 그대와
탱고 춤을 추며
노을 속으로 몸을 숨기고 싶습니다

봄비는 소리 없이

소리 없이 살며시 다가서
그대 마음속에 머물고 싶어

꽃 눈물 만들어 머리 적시며
첫사랑 꿈속에서 그리움 풀어놓고 얼굴 마주하며

잠자는 그대의 입맞춤으로
그대 가슴에 꽃을 심어놓고

못다 한 사랑의 여운을
봄 새싹 트임에 미소로 답해주며

봄비 속에 사랑의 사연 담아
사랑하는 그대에게 아쉬움으로 눈물 뿌리며
길 떠난다

민들레

봄 향기에 시샘하며
푸른 잎 손 내밀며 살며시
태양 빛에 얼굴 마주하고

아름다운 계절 속으로
함께 가고 싶어 노란 꽃 달고
뭇 시선에 자랑하며 즐기는 봄

작은 씨앗에 하얀 깃털
달아주어 바람에게 부탁하며
멀리 떠나보내는 마음은

하얀 백발의 세월만큼 아픔 가슴 안고
홀로 울며 먼 길을 떠나는
민들레 씨앗의 환생을 바라는 마음으로
봄 애달픔을 달랜다

늦게 피는 꽃

무성한 세월 바람과 꽃들이
떠나버린 곳
그립던 모두가 없는 곳에서

생에 최고의 모습으로
치장하고 앞에 선 꽃

화려한 모습과 향기로
철 지난 꽃 숨겨 놓고

지나간 사랑 부르다 지쳐
구름 사이 하늘 거울 속에
비친 눈물 닦아 낸다

사랑 그리워

사랑 그리워
바람에 말 건네 보지만
아무런 대답이 없고

사랑 그리워
비에게 하소연하여 보지만
비는 내 말 들어볼 생각 없는 듯

뜨거운 여름 나무 그늘 속 사랑 그려
사랑 그 달콤함을
기억으로 숨겨 놓고

한없는 사랑 지나간
봄날 추억에서 머물고
바람에 미련이 남아 등줄기 따라
흐르는 땀처럼 흔적만 남기에

슬픈 사랑 고이 접어 책 속에 넣어
색 변한다 하여도 오랫동안
두고두고 꺼내 보렵니다

가고 싶은 길

지금 그대 곁으로 가고 있습니다
그대 없는 여기서 사는 나는
그대가 그립습니다
시간을 뛰어넘을 수 있다면
그리하고 싶습니다

한때는 눈 속에 추위와 다투기도 하고
또 한때는 포근한 향기로
유혹하는 봄이라는 처녀가
나를 어지럽게 하지만

그리운 그대 곁에 있다는 것이
행복이란 걸 알고 있기에
그대가 더욱더 그립습니다
세상이 돌고 또 돌아도
나는 그대만 사랑할 겁니다

내가 그대와 만남과 이별을
여러 번 반복한다 해도
그대와 함께 아름다운 노래하고
행복을 즐기며 그대와 인연을 사랑할 겁니다

가을꽃 피는 거리를
가을 낙엽과 가을 빗속을
버버리 깃 세우고 걸으며
가을 노래를 흥얼거리고 싶습니다

풀잎의 인사

안개비 내려 나뭇잎 위에 살며시
파란색에 방울을 굴리고

떨어지는 보석에 머리 치장한 사마귀 갈퀴 세워
멋을 부린다

들판 길 따라 사이 작은 벌레들은
아침 오는 길 따라 어지럽게 날아다니고

이슬 가득 채운 꽃잎 위로 나비 날아와
달콤함 찾아 흔들거리는 아침

이슬 향기 사라지기 전에
보석 깔아 놓은 풀잎 위에 살며시 입맞춤한다

그리운 사람

아지랑이 길 따라 피어난
작고 야리야리한 노란 꽃
고운 향기에 취해
입가에 미소로 웃음 주며

하얀 꽃 머리에 달고
분홍빛 입맞춤으로
흙에 사랑을 전하는 작은 꽃

작고 좁은 논두렁 길 따라
쓰러질 것 같은 걸음으로
봄 안개 앞세우고 가슴속
파고들던 그대

작은 노란 꽃은 지금도
그곳에서 손짓하는데
그 사람은 간 곳이 없고
간간이 불어오는 봄바람뿐

그리운 마음으로
아지랑이 피는 작은 노란 꽃길을 눈에 넣어본다

기다리는 마음

내가 기다립니다
그대 기다립니다
나는 그대 없이는
살 수가 없습니다

그대 없는 수많은 날을
봄비 속을 걷는 것처럼
차가움과 외로움으로
그렇게 살아갑니다

꽃이 피고 또 꽃이 져도
그대는 보이지 않고
포근하게 불어오는 바람뿐
이제 그대 내 곁에 온다면

마음 그대에게 내려놓고
마음 그대에게 모두 주고
그대 마음 내 가슴에 담고
그렇게 살아가렵니다

사랑할 수 있는 봄의 사랑

사랑할 수 있는 그대를
봄바람 타고 오시기를
봄 향기 담아 오시기를

봄의 맛

태양은 밝아온다
햇빛을 사랑하기에

파란 들판 찾아 나선다
그대 모습 담아보고 싶어서

카메라 렌즈 속 그대 모습을
영상 속에 넣어 본다

아름답다는 말보다
멋있다는 말이
더욱 어울리는 그대 모습

봄 향기 담으러 간다
봄 느낌 담으러 간다
봄 사랑 담으러 간다

봄의 맛을 보러 나는 간다

오월은

산마루 구름 사이 바위틈 작은 꽃은
메아리 앞세워 사랑 부르고

맑은 냇가 물안개 희미해질 무렵
이슬 앉은 풀잎 위에 아침 햇살 머물게 하고

꿈 여는 어린 가지 위에 연분홍색으로
화장을 곱게 하고 춤추는 봄

복사꽃 피는 오월에 꿈은
봄바람 속으로 물들어 간다

떠나는 봄

봄이 떠나려 한다
더위에 밀려나고 있다
가고 싶지 않은 길을
가야 하는 마음이 서러워
봄이 길 위에서 방황한다

눈물을 흘려 비를 만들고
긴 한숨으로 바람 불어 보고
가고 싶지 않은 길을
가야 하는 별빛 그림자 같은 세월

아무도 모르게 인사하지도 말고
오는 듯 가는 듯하게
살며시 가는 길에
뒷모습도 보이지 말고

이 밤이 지나면 아침 태양 뒤편으로
여정의 길을 그리는 사랑 나누며
새벽 그림자 사라지듯이
아무도 모르게 그렇게

봄비

어두운 새벽하늘 돌고
검푸른 산모퉁이 돌아

서러운 눈물 모두 모아
외로운 발길 달래 가며

임 가신 발자국 따라
눈물 반으로 갈라

남아 있는 낙엽 위에
녹지 않은 얼음 조각 위에

사랑 나누어 주고
조용한 새벽길 떠난다

가슴 꽃 사랑

가슴에 사랑이 식어 가고
메마른 마음 앞에 머문 자리에

아름다운 미소 부드러운 손길
나지막한 음성 그런 그대 앞에
무너지고 싶어집니다

어두운 공원 가로등 아래
가슴 꽃 지는 날까지
꽃 속에 잠들고 싶습니다

꽃으로 변한 얼굴 속에
그대가 깔아 놓은 자리에
마음 내려놓고 싶습니다

사랑의 마음

나는 사랑하는 것을 잊었다
메마른 마음 앞에 사랑이 꽃은 없었고

아름다운 사랑의 이야기도
사랑의 애절한 그리움도
사랑의 신나는 즐거움도 몰랐다

언제부터인지 몰라도
나의 마음은 웃고 있었어
꽃을 보고 아름다움을 알고
웃음을 다시 찾을 수 있었어

거리에 모습도 활기차 보이고
동녘에 해돋이도 아름답고 신기하다
다시 세상을 태어난 기분이다

하늘에 구름이 사랑스러워 보이는 건
사랑하는 마음이 열린 것 같다

2부

여름향기가 스쳐갑니다
그 사람 온기가 느껴집니다
그 사람 이 가슴을 누릅니다
뭉클한 눈물이 흐릅니다

미련 없는 이별

시간이 지나면 변하게 되는 걸
미워한다 하여도 아쉬움이 없다
누구나 이별을 하고 산다

마음의 상처가 큰 시련이
가로막고 있다
꼭 그렇게 했어야 하는 말을 하고 싶다

모든 걸 안아주고 응원하고 감싸 주었기에
마음 전하지 못한 것 같아
가슴 울컥함이 너울거린다

가을이 오기 전에 여름에 태풍 따라
북쪽으로 날아가는 그대여
좋은 기억을 담고 가소서

비는 내리고

며칠부터 비는 내리고
밝을 생각 없는 새벽하늘은
나의 마음이 어디로 가야 할지 알 수 없는 어둠에
가려놓고 있다

싸늘한 빗방울에 차가움과
시려오는 쓸쓸함이 가슴을 파고들고
나뭇잎 속에 숨어있던 빗방울은
눈물 되어 얼굴 타고 흐른다

오늘이 나를 부르고
아침이 기다린다 하여도 보이지 않는 어둠이
세상을 감싸 놓고 갈 길을 막아선 길 앞에 가로등처럼
그 자리에 머물게 한다

새벽 비 사라져 가는 새벽에 차가운 인사를 하고
한여름 아침을 기다려야 하는 시간이
시원한 빗줄기 타고 어둠 속으로 빠져 든다

갈대

갈대는 흔들리지만
부러지지 않는다

파란 하늘에 희고 아름다운 구름 앞에
휘휘 울어 사랑을 부른다

갈 길 멀어 서두르는 햇살 더위에
옷 갈아입을 준비를 하며
요란하게 소리를 내본다

가버린 사랑 온다는 소식 없어
큰 소리를 불러보지만
가을이 오는 들판엔
철새 소리만 들릴 뿐

작은 새의 아름다운 표현에
몸이 흔들리고
바람의 유혹이 집요하게 흔들어 놓아도
넘어가지 않는 갈대의 마음

파란 가을 하늘 구름은

그 마음을 아는지 서둘러
하늘 속으로 모습 숨긴다

비가 내리면

비가 내리면 보고 싶어집니다
이유 없이 보고 싶어집니다

몰아치는 바람 소리가
창문을 두드릴 때
하늘의 구름이 울고 있는 것 같습니다

가로수가 바람 따라 울부짖고
나무가 눈물을 흘리는 것처럼
잎사귀 머물던 빗방울이 떨어집니다

떨어지는 낙숫물 소리가
처량하게 합창을 하며
나를 부릅니다

보고 싶다는 생각으로만
듣고 싶다는 생각으로만
빗소리 따라 노래를 불러 봅니다

그늘 속으로

나무 그늘 아래로 숨는다
건물 사이 가려진 곳으로 피한다
양산 그늘 속으로 들어간다

지난봄 순진한 태양이
얼굴 감추고 사납게 변해서 무섭다
온 세상을 괴롭게 흔들고 있다

지난가을에 태양을 아쉬워했고
겨울에는 태양을 사랑했다
그리고 봄에는 태양을 안아 주었다

구름이 태양을 가로막고
바람이 태양을 괴롭게 하고
여름 태풍이 태양을 배신함에

배신에 열을 뿜어 대는
태양 네가 무서워서
그늘 속으로 몸을 숨기고 싶다

꿈에

그 사람이 그립습니다
꽃잎 휘날리는 길에서
두 팔 벌려 다가오는
그 사람을 그려 보곤 합니다

웃는 모습이 눈에 선합니다
나직한 음성이 들려오는 것 같습니다
부드러운 손길이 느껴집니다
그 사람 생각하면 울컥합니다

여름 향기가 스쳐 갑니다
그 사람 온기가 느껴집니다
그 사람 이 가슴을 누릅니다
뭉클한 눈물이 흐릅니다

그 사람이 손을 흔들며 사라집니다
구름처럼 사라져 갑니다
따라가지 못하고 바라만 보아야 합니다
베개 적시며 허공에 인사합니다

개구리

빗방울이 타고 흐르는 연잎 사이

커다란 눈 깜박이는 개구리

벌레 입에 물고 달려가는 개미 사냥할 때

두꺼비 사촌 부르는 소리에 한눈팔다

풀 기둥에 뒷다리 걸려 넘어진다

비 오는 거리

그리워집니다 보고 싶음에
무작정 밖으로 나왔습니다
내리는 비는 머리를 타고
가슴속까지 젖어 옵니다

이별 소리가 가슴속으로
스며 오는 것 같습니다
발길 따라 앞서 떨어지는
빗방울의 슬픈 노랫소리가
눈물을 섞어가며 떨어집니다

빗소리를 들으며
한없이 거닐고 싶습니다
그대 곁에 있는 것 같은 온기가
느껴지다 사라집니다

잠시 사랑의 기억이 왔다가 사라집니다
밤거리에 아름다움도
비릿한 비의 향기도
쓸쓸한 거리를 홀로 걷게 합니다

비

비 오니까 우리 만나요

비 오니까 차 한잔해요

비 오니까 술도 한잔하고요

비 오니까 노래도 같이해요

새벽 비

그리움이 불 피우듯이 타오르는 밤
어둠이 생각을 가르고
찬바람이 살결 따라
소름 돋는 길을 헤치며

아침이 온다는 생각은
여명 속에 흩어지고
바람과 비에 시달려온 버드나무는
아쉬움에 잎이 떨어진다

물결에 반사되는 밤 구름은
눈물 얼룩져 너울거리고
기러기 사랑 속삭임처럼
세월 지난 그대 생각은

내일에 멈춰진 그리움이
어스름한 새벽에 내리는
빗방울처럼 보이지 않는
내일 앞에 서성거린다

그대 오시는 길

높은 하늘 구름 타고
기다리던 임 오시는 길

버선발 마중 없어도
그리던 마음이기에

쓸쓸한 가을바람 따라
임 마중하듯이

그대 오시는 이 길을
걸어 봅니다

꿈속에 그대

선한 눈이 좋다
아름다운 미소가
두근거리는 가슴을 멈추게
하는 매력이 있어 좋다

하얀 박꽃 같은 모습과
싱그러움이 좋다
어두운 저녁에 피는 꽃처럼
하얀 모습이 끌린다

여미는 옷매무새 사이에서
매력의 향기가 춤을 춘다
그 향기에 빠져든다
향기 구름에 떠 있는 내가 된다

조용한 노랫소리가 들린다
모닝벨 소리 속으로
멀어져 가는 그대 모습만
바라보며 눈을 뜬다

꽃처럼 고운 그대와

나는 나비가 아닙니다
나는 그대와 함께하는
꽃술이 되고 싶습니다

언제까지나 그대 곁에
있고 싶습니다

아침에 같이 눈을 뜨고
저녁에 같이 누워 잠을
자고 싶습니다

나비가 아닌 꽃과 함께
바람 따라 하늘 보며

두 손 꼭 잡고 무지개 세상 언덕을
아름다운 그대와 함께 가고 싶습니다

밤비

소리 없이 다가와 창을 두드리는
밤비 그대는 어디에 있나요
나는 그대를 모릅니다

밤비 그대가 눈물로 부른다 해도
언제 다시 가버릴지 모를
그대를 받아 줄 수 없습니다

서럽게 소리를 낸다 하여도
차갑고 냉정한 그대를
어찌 받아 줄 수 있겠습니까

이 밤이 가고 나면
밤비 그대는 어느 곳으로 가버릴지
모르는 임을 나는 모릅니다

그대가 눈물 되어 창가를
적시고 흘러내려도
바람 불면 가버리는 밤비는 싫습니다

그대 곁에 내가 다가설 때

내 몸을 감싸 주고
내 몸을 적시는 밤비를 나는 원합니다

아름다움을 볼 수 있고
환하고 밝은 마음 안고
내리는 밤비 그런 그대를 원합니다

비 오는 날 오후

후드득 소리가 들려온다
우산을 들고 공원 사이를
나지막하게 소리 죽여
비의 노래를 흥얼거리며
비 마중하러 간다

아무런 의미 없는 중얼거림은
우산 속에 흩어지고
빗소리는 우산 등을 두드린다

젖은 운동화 소리 내며
차가운 기운이 온몸에 스며들 때
공원 옆 찻집이 나를 유혹한다

따스하고 향기로운 커피
창가에 자리 잡고 커피 향에 취하여
씁쓸한 목 넘김은 천장 바라보며
비의 발자국 따라 가슴 끝에 스며든다

젖어 있는 풀길 따라
청개구리 다리 벌려 넘나들고

나무 아래 비 가려진 곳
집 몰라 서성거리는
개미 더듬이 다듬는 오후

어둠이 살며시 내려온다

하늘 이별

출렁거리는 영종대교 아래
바닷물처럼 마음에
이별 아픈 마음이 울렁인다

이제 먼 이별 앞에서
그대를 잊어야 하는
시간이 다가오고
아무런 준비 없이
그대를 보내야 하는 현실

산길 따라 지난 이야기와
들길 따라 행복 이야기로
긴 사랑에 길든 그대를
멀리 보내는 아쉬움으로

게이트 앞에 슬픈 이별을
카트에 태워 그대 사랑과
보낼 아픔으로 밀어주고
로비 앞에서 짧은 포옹으로
이별 아쉬움으로 돌아선다

여름 향기

한낮 더위에 시들한 들풀의 향기는
여름을 좋아한다는 어느 여인의
향기처럼 마음 설레게 하고

이름 모를 풀벌레 소리는
여인의 나직한 음성처럼 들려오고
여인 모습은 잠자리 맴도는 허공에 머문다

여름밤 모깃불 연기는
여인이 마음처럼 사라지고
불나방 맴돌아 불빛 속으로 사라지는 여름

여름은 정점을 찍는 것처럼
무더운 거리에 그리운 마음길 따라
여름 향기는 여인처럼 마음속에 남는다

가슴속에 그리움

소낙비 얼굴 적셔 올 때
창가에 그려지는 그리움
여름이 수없이 지나도
그리운 세월은 멀기만 하고

해가 지면 밤이 오고
밤하늘 별과 달은 사랑하는데
그대 그리는 세월은
별도 달도 없는 어둠뿐

한 점의 별을 찾아
밤하늘 속에 나를 넣어
구름 타고 그리움과 외로움을
흔들어 빗속으로 날려도 보아도

어둠이 눈을 가려
그리움을 그릴 수 없기에
가슴속에 그리움을 숨겨놓고
조금만 그리워하겠습니다

작은 아이

눈 둑길 사이 아이 손 잡고
가계 집으로 가고 있는 작은 아이들

손 잡고 노래 부르며 잡은 손을 앞뒤로 흔들고
얼굴 마주 보며 웃기도 하면서

길가에 매어 놓은 소 무서워
그 길을 돌아가는 아이들

아름다운 날들은 파란 여름 하늘 속에
구름 되어 사라져 가고

미로 같은 골목으로 변해 버린 길 따라
빈손 흔들며 아이 그리움 찾는다

식어가는 여름

고요함이 꿈속에
머물러 있는 것처럼
그리운 임의 모습이
창 너머 하늘 끝에 걸려있고

흐늘거리는 더위 속에
애처롭게 매달려 있던
땀방울이 가슴 적시움에
타는 가슴을 잠재운다

어두운 밤은 붉은 밤으로 변한 지
수십 년이 지나도록
태워 버리지 못하고 접어두는 이유는

계절 지나는 길목에
두 발 올려놓은 갈등처럼
몸을 옮길 수 없기에
매어놓은 허리춤 같은 것

올해도 어김없이
그때 그 밤은 나를 찾아와

사랑 찾는 마음을 불 질러
가을을 노래하게 만든다

아직 가을은 오지 않는데
서둘러 임 마중하듯이
가을사랑을 마중 나서는
조용한 여름에 밤은 식어 가고 있다

칠월 끝자락

마음이 갈 곳 없어지는 여름 하늘 끝에 있고
더위에 가슴이 멀어져 돌아갈 곳 없어

여기저기 둘러봐도
머물 곳 없기에
하늘 보며 구름 보며

하얀 나비 되어
마음 가는 곳에 기대고 살고 싶어
날고 또 날아

비 오는 날 눈물 되고
더운 날엔 땀방울 흘러
여기도 머물 수 있는 꽃은
어디에 있는지 찾을 수 없는

칠월은 그렇게 가고 있다

흙내음

흙 향기가 달려온다
흩뿌리는 빗방울 따라
고향에 그리움이 온다

이름 모를 풀 냄새와 쑥 향기와
초여름 햇빛으로
시들한 잡초의 향기도 좋다

코끝을 스치는 향기는
미치도록 그리움으로 다가서게 한다
아름다운 향을 두 팔 벌려 안아주고 싶다

흙냄새가 가득한 풀밭에
피어난 잡초의 향기부터
햇빛에 절인 꽃향기까지

잠자리 사랑

색 변해버린 꽃잎 가슴속에
새겨놓고 살아온 긴 세월

아름다운 꽃 그림 그려놓고
날개 펴 보이며 이야기한다

말을 하려고 하여도
표현을 하려고 해도
안개처럼 사라지는 기억들

구름 위에 기대어 하소연할 때
꽃향기 머금은 나비 웃고 날아와

하늘거림으로 유혹하는
꽃 나비 마음 따라 길 떠난
꽃잎 사라진 하늘 보며

수많은 여름이 지나는
긴 세월 속에서
잠자리 사랑 그려본다

모래 위에 핀 꽃

바람에 밀려 쌓인
작은 모래 무덤가

여러 풀잎 사이에
피어난 작은 꽃

보는 이 없어서 외롭고
아는 이 없어서 쓸쓸해도

살짝 다녀가는 빗방울과
이름 모를 나비의 유혹은
한순간의 기억일 뿐

작은 바람에 흔들리고
작은 모래에 시달림에도

의미 없는 꽃이 되어
술에 취한 듯 흔들린다

3부

어둠 속에서 하얀 노래를
입속에서 맴돌 때
들풀 흔들리는 소리가
검은 향기 되어 세상을 덮어 간다

그대는 가을입니다

그대는 여름을 좋아하지만
그대는 가을입니다

그대 마음은
가을 소슬한 바람이
그대 볼에 스쳐 가면 시리던 가슴을 쓸어내리는
시원함을 좋아할 겁니다

그대는 여름 속에 몸을 넣어 두고
여름 땀에 눈물 숨기며 사랑 찾아
외로운 방랑을 여름이라
말하지만 우울해 보입니다

그대여 이제는 슬퍼하지 않아도
외로워하지 않아도
가을의 아름다움이
그대 곁에 같이할 겁니다

슬픈 사랑은 여름 바람 태워
멀리 보내고
그대가 그리던 사랑이 가을 다가오는 것처럼

그대에게 다가설 겁니다

가을 기다림에 설레지 않아도
가을은 지금 그대 앞에 있습니다
그대가 가을입니다

낮잠

고요가 춤을 춘다
머물 수 없는 생각이 흔들린다

온몸이 허공 속으로 둥실 떠오른다
누군가 내게로 다가와 손잡고 길을 걸어간다

하늘 구름길 따라
내 얼굴에 눈 맞춤하고
웃음 웃으며 손잡고 걷는다

고운 음악 소리 들린다
귀에 익은 피아노 선율이
넓은 대지 위에 퍼지고

턱시도 입은 지휘자 베짱이
모습이 멋지게 어우러져
가을 들판에 향연 펼쳐지는

구름 위에 누워 한없는 행복함에
미소 지으며 살며시 눈을 뜬다

기다리는 마음

가을꽃 피면 돌아온다
가을 낙엽 떨어지면
돌아온다고 해놓고

가을바람 문풍지 울고
서리 내려 얼음 얼어도

보이지 않는 겨울 안개처럼
하얀 그리움만 쌓여 갑니다

지난봄 아름다운 꽃 속에
잠을 자며 꿈을 꾸고 있나요

여름날 뜨거운 모래 위에서
아직도 걷고 있나요

몇 번의 가을이 지나고 겨울이 와도
둥지 떠난 철새 집을
혼자 지켜야 하나요

어둠 속의 방

돌아가는 선풍기는 의미 없이
밤새 돌고 또 돌아간다
어둠에 긴 그림자를 남기는 가로등
긴 세월 밝혀온 듯 희미한 불빛으로 밤을 지킨다

이 어둠이 무척이나 길지만
사랑을 찾지 못하는 불나비에
방황 속에서 목이 타고 가슴이 터져 사랑에
갈망의 늪으로 빠져들게 하는 어둠

책상 앞에 앉아서
음악을 들어도 보고 잠을 청해 보아도
정답 없는 시험 같은 슬픈 현실은
어둠을 사랑하게 한다

어둠 속에서 살아나는
마지막 남은 열정
가슴속 그곳에서 꺼내어
아름다운 사랑을 하고 싶은 기다림으로

행복이 넘쳐나는 열정에 과

나의 사랑에 힘을 모아
아침 안개 피어오르는 길 따라
아침 마중할 그림을 그리며 눈을 감는다

사나이 눈물

슬픔을 감추려 아무도 보지 않는
밤에 흘린 눈물
외로움에 지쳐 그리움에 지쳐
빗방울과 눈물이 짝을 이룬다

검은 하늘 속으로 떠나버린 사랑
먹구름 작은 틈 사이
희미한 하늘이 보이는 곳에서
떠난 사랑 그리며

서러움에 흘린 눈물
슬픈 가슴에 넣어 두고
외로움에 지친 가슴
외로움 바람으로 날리고

밤에 흘린 눈물 모아
젖은 나뭇잎 닦아 내듯
눈물 훔쳐 가며 밤비 오는
거리에서 고개 숙인 채 걷고 있다

외로운 남자

어깨가 처져 있네요
걸음이 느려지네요
어두운 그림자가 뒤를 따라갑니다

가는 길이 힘들거나 어려워도
무거운 짐 내려놓고
한 쉼 하고 가시기 바랍니다

한세상 살아가다 보면
웃는 날보다 묵언이 필요
할 때도 있는 겁니다

아무런 말 없이 그대를 응원합니다
아무런 말 없이 그대의 어깨를
두드려 드리고 싶습니다

힘들게 찾아와
황혼길 앞에 웃으며 서 있는 그대와
동행하여 드리겠습니다

달의 몰락

그대 이름은 화려한 달이라 하였습니다
보고 싶어도 밤에만 볼 수 있다 하였습니다

별빛만 있는 하늘도
그대 없이는 의미가 없다고 하였습니다

그 맑은 달이 마음에서 멀리하고 싶어집니다
아름다운 주변과 어울릴 수 있는 화려한 달님이
되기를 바랍니다

어둠 속에 빛나는 별과 어울리는 은하수처럼
작지만 같이 어우러지는
별에게 마음이 움직이고 있습니다

오래된 사진

멋지게 폼 잡았지만
이별 예감하셨는지
얼굴에는 수심이 보입니다

아쉬운 이별 속에
가고 없는 그대의 사진이
희미한 기억이 살아납니다

어찌할 수 없는 시간 앞에
눈물 흐름을 주체하지 못하고
두 손 잡아 주던 그대

그대는 늘 같은 자리에
같은 모습으로 남기를 원했습니다

그대 이제는 사진에서만 보아도 괜찮습니다
그대 머문 곳 그곳에 내가 있습니다

가을 그리고 겨울

노란색이 아름답습니다
빨간색이 행복을 줍니다
가을 아름다운 색이
가슴 흔들어 놓습니다

여름 싱그러움이
가을의 아름다움으로 변해 가고
긴 세월을 슬픈 노래하며
가을 앞에 내가 와 있습니다

나는 하얀색으로 변해가고 있습니다
파란 풋사랑에 즐거워도 했습니다
노란 은행잎을 입에 물어도 보고
빨간 단풍잎을 손에 꼭 쥐어 보아도

남아있는 가슴은 하얀 그리움뿐입니다
가을에 그림자는 이제 가고 없습니다

낙엽 이슬 내리는 가을이 사라져 가고 있습니다
가을 모습 그리며
차가운 하얀 눈길을 내가 가고 있습니다

새벽길

아침 맞으려 봇짐 챙겨 들고
여명 속으로 달려간다

그리움을 쌓아 놓은
붉은 산으로 달려간다

실바람 얼굴 스침이 가냘파
부드러움에 눈물 적시고

차가운 새벽 소리 울부짖는 낙엽 앞세워
서리 내린 새벽길 바짓단 적시며 아침 마중한다

슬픈 노을

그리움이 서산 노을 속으로 스며듭니다
서쪽 하늘 구름 앞에
그대 거기 보입니다
붉은 노을 속으로 내가 가고 있습니다

그대 그리다 지친 내 영혼을
그대에게 건네주고
그대가 알고 있는 찻집에서
한잔의 커피를 마시며

촛불 앞에 영혼은
그대 그리는 마음을 위로하여도
가슴속에 남아있는
그대 그리는 마음이 아파집니다

이제 그대 그리는 마음을
내려놓고 싶습니다
슬픔이 밀려온다고 하여도
한없는 눈물이 흐른다고 하여도

가슴속에 그대를 꺼내어

살며시 석양 바닷물 위에
내려놓을 겁니다
그대 그렇게 내려놓고
밝아오는 내일로 갈 겁니다

슬픈 노을 속으로
그대를 마음속에 그리며
나는 가야 합니다

하늘만 보면

그대를 보면 행복할 줄 알았습니다
그대를 보면 즐거운 줄 알았습니다

그대 생각하면 웃음 날 줄 알았습니다
그대 생각하면 기분 좋을 줄 알았습니다

그대가 최고의 선물인 줄 알았습니다
그대가 내가 좋아하는 사람인 줄 알았습니다

그대는 살아가는 의미를 심어 놓았습니다
그대는 멋진 그림을 그려 놓았습니다

그런 그대는 안개가 되었습니다
그런 그대는 구름이 되었습니다

꿈속에서도 그대 볼 수 없습니다
새벽하늘에도 그대는 없습니다

그대 그리는 마음으로
하늘만 보고 있습니다

노 화가의 이야기

붓끝에 영혼을 불어넣어
움직임에 마음 붙이고
가슴 불태운 핏물로
캠퍼스 위에 토해내어

영롱한 빛의 그림자
박아놓은 보석에
혼을 넣어 놓은 작품

모두 모아 벽에 걸던 날
통곡하듯 아파 울고 기뻐 울었지만

세상 살다 보니
좋은 것도 없고 싫은 것도 없더란다

세상 살기 힘들고
사람 만나는 것이 두려운 세월

마음 내려놓고 흐름대로
살아가는 것이 인생 작품이라며
붓대에 힘을 준다

가을 언저리

풀벌레들의 아름다운 선율 속에
고추잠자리 구름 자락에 매달아
빙빙 돌아서 가을 향기 퍼지고

파란 들판 잡초들은
하나둘 갈색 옷 갈아 입고
가을 준비를 한다

지난가을에 길 떠난
그리운 낙엽 그림자처럼
새로운 낙엽은 반으로 색을 나누고

화려한 여름꽃 태양 속으로
흔적 없이 사라져 간
들판 사이 무성한 들풀 위에
메뚜기 춤을 추는 가을

가을 바다 닮은 구름에 발 넣어 휘적거리며
철새 날아가는 길 따라 생각의 늪에 담아놓고
아름다운 가을 가을 노래합니다

가을바람

꽃향기 가득 담은
그대가 그립습니다

시원함 가득한
그대가 보고 싶습니다

그대 향기에 취하고
그대 시원함을 느끼고 싶습니다

행복하고 아름다운
시간을 잡아두고

가을에 그대와 함께
걷고 싶습니다

하늘 위에

그대를 그리려합니다
파란 하늘에 뜬구름 잡아 주무르고 다듬어
그대 만들어 하늘에 올려놓고

가을 안에 담아서 언제라도
볼 수 있게 하고 싶습니다

그대가 아름아름 돌아보고
더듬더듬 앞서가는 길 따라
어디에서도 볼 수 있는 그림

가을 안에 담겨있는 그대 그림을
가을 하늘에서도 그대를
다시 볼 수 있다면

정자나무

당신의 그늘을
그리워합니다

언제나 반겨주는 당신의
그늘을 찾아갑니다

그늘 그곳에는 따스함과
시원함이 공존합니다

항상 그 자리에 있는
당신의 그늘

넓은 그대 그늘 속을
내가 들어갑니다

석양 속에

아름다운 붉은빛의 노을 속에
나의 심장이 녹아 들어간다

심장 소리 따라 그대
노랫소리 퍼져옴에

그리움을 감출 수 없어 노을 속에
그대 찾아 구름 속을 헤쳐 보지만

흔들리는 구름 사이로
세월이 노를 젓는다

어둠

어슴푸레하던 손톱 달은
눈 감아 버려 보이지 않고
별빛 사랑싸움에 떨어져
모습 찾을 수 없는 밤하늘

떠나신 임의 마음속처럼
아무것도 보이지 않는 어둠
보석 같은 마음 사라져도
다시 찾을 수 없는 어둠

서리 내려오는 황혼 앞에
어둠이 눈을 가려 볼 수 있게 하여
갈음으로 짐작하게 하는 밤

어둠 속에서 하얀 노래를
입속에서 맴돌 때
들풀 흔들리는 소리가
검은 향기 되어 세상을 덮어 간다

그대에게 띄우는 편지

새벽바람에 그대에게
그리움의 편지를 띄웁니다

실바람이 얼마나 많은
사연을 전할지는 몰라도

보고 싶어 견딜 수 없어
낙엽 지는 소리와 함께 보낼 겁니다

바람이 편지를 전하지 못한다 하여도
그대에게 다시 또 쓰겠습니다

새벽바람에 낙엽 지는 소리가
서럽도록 그대를 보고 싶게 합니다

쓰고 또 써 볼 겁니다
그대 모습이 사라질 때까지

술 한잔

겨울 같은 가을날
이런 날이면
한잔의 술을 마신다

지는 낙엽 소리에
아슬한 사랑 그리움과 세월 묻어가는
내 청춘을 위하여

옛사랑 띄워 놓고 가을색 섞어서
새끼손가락으로
휘휘 저어 시린 가슴속으로

가슴속으로 술이 줄을 탄다
적셔오는 그리움이
허공으로 돌아온다

짜릿함이 목줄 타고 시소를 탄다
가을 시림이 술잔 위에 흔들린다

가을 낙엽

지난가을 화려하게
자기 몸을 치장하고
뭇 시선 한 몸에 안고
멋을 내던 가을 낙엽

겨울바람 끝 머무는 곳에
검게 물들고 누더기 지고
몸 잘려져 보기 흉하여

시선 피해 숨어 있어도
머지않아 그도 흔적없이
사라져 기억조차 없음에
서글픔이 밀려오지만

따스한 봄기운 밀려오고
새로운 새싹이 탄생으로
가을 낙엽 세월 탄식해도
봄은 한발 두발 다가온다

이슬비

영롱한 작은 구슬 모아
이리저리 굴려보고

보는 이 없는 안개 속에서
파란 풀잎 위에 춤을 추며

보석 모아진 물길 따라
흘러가는 꽃잎 배 타고

나무와 꽃으로 수놓은 들판을
아름답게 꾸며놓고

이슬비 아침 오는 길 따라
안개구름 되어 사라진다

4부

아름다운 하얀 사랑은
바람 따라 아침 속으로
사라져 갑니다

작은 꽃

누가 볼세라 얼굴 붉혀
고개 들어 하늘 보는 작은 꽃

지난겨울 눈과 찬바람에
수모를 이기며 보호해 준
낙엽에 사랑 표현하며

시린 팔 벌려 살짝 안아주고
수줍게 꽃망울을 피워

이쁜 꽃으로 조용한 대지 위에
살짝 웃어 사월에 인사합니다

첫눈 오는 밤

하얀 바람 어둠 속으로 날아들 때
하얀 마음으로
손 벌려 맞이 합니다

고운 사랑 담은
첫사랑 낙엽 위에
살며시 내려놓은 하얀 사랑

고운 임 다녀 가신 새벽길 따라
심장 박아 놓은 입술 위에
발자국 남겨 놓습니다

첫사랑 입술 위에
하얀 그리움 깔아 놓고

아름다운 하얀 사랑은
바람 따라 아침 속으로
사라져 갑니다

아침을 달린다

어둠도 가시지 않는 새벽
아침 새는 인사를 하며
분주하게 움직이는 아침

야릇한 미소로 검푸른 눈을 깜빡거리는
하늘만 보일 뿐
보이는 건 간혹 자동차의 불빛과 끝도 없는 고속도로

지나가기 아쉬워 들러 보는
휴게소는 조용한 어둠 속 스산함으로 안개 맞이 하고

따스한 목 넘김이 부드러운
한잔에 차가 낯섦을 잠재우고
첫 발자국 찍는 기분으로 또 다른 여행길을 나서본다

새벽에 내리는 눈

하얀 꽃으로 멋을 내고
미풍 따라 몸을 날려 가며
조용한 새벽어둠 속 하늘 무대 위에서 춤을 춘다

찢겨 너덜거리는 가을 낙엽 잡아 놓고
낮에 내려 얼어버린 겨울비
조명으로 공연을 한다

떠나는 겨울이 아쉬워
불과 몇 분 만에 짧은
공연으로 끝내는 무대지만
하얀 옷에 아름다운 여인의
소고 춤을 보는 듯하다

다음 공연 예정에 없지만
기다려지는 마음으로
봄 마중에 한발 한발 다가섭니다

그래도 나는

겨울 눈이 머리에 쌓여도
겨울바람이 불어와도
그래도 나는 간다

차가운 모습 감추고 내리는 겨울비가
나를 부른다고 하여도
그래도 나는 간다

고드름 녹는 처마끝 유혹에도
눈사람 녹아 처량하게 보여도
그래도 나는 간다

나는 봄으로 가고 있다
아른거리는 아지랑이 피는 곳으로
첫사랑 찾아 나는 간다

사랑은 물

사랑은 물과 같아서
손에 넣을 수 없다

아름답고 사랑스러운 맑은 물도
두 손 모아 손 속에 넣어 보지만
손가락 사이로 빠져나가는 것처럼

소중한 사랑이라도
언젠가는 곁을 떠나가는 것이 사랑이다

사랑은 영원한 것도 아니며
사랑은 현재형이며
과거형이다
미래의 사랑은 존재 가능성이 없다

현재의 위치에서 사랑은
목마름을 해소할 수 있는
최고의 사랑으로 간직하며
최선을 다하는 것이 사랑이다

내 사랑 경숙아

작은 언덕 희미한 가로등이 켜져 있는 골목길 걸으며
네가 내게 하여준 말

미래에 불을 밝힐 수 있는
너는 나에게 마지막 남은
성냥 알 같은 소중한 존재가 되고 싶다고

곱슬머리 추켜올리며
커다란 눈으로 바라보며
세상 같이 하자고 하던 너

하얀 눈이 내리던 날
환한 미소로 나를 슬프게 할 때는
세상의 끝을 보는 줄 알았어

그때에 우리 나이 세 바퀴 돌아온 지금
불씨가 꺼져가고 있어

내가 사랑한 만큼 긴 세월
지나 이제 다시 불을 지펴줄 수 있는 너의
그림자라도 보고 싶단다

겨울꽃 사랑

바람이 되고 싶습니다
사랑 꽃향기 담아
그대에게 안겨 드리고 싶습니다

눈이 되고 싶습니다
커다란 함박 눈송이 만들어
그대 어깨에 기대고 싶습니다

그대가 얼음이었으면 좋겠습니다
내 뜨거운 마음을 녹여줄 수
있으면 좋겠습니다

바람과 눈송이 버무려 아름다운
꽃다발을 만들어
그대에게 드리겠습니다

차가운 그대 겨울 여인에게
사랑의 따스함을 말해 주고 싶습니다

하루의 동반

단 하루만 살라 하여도
그대와 함께라면 그리하겠습니다

그대 심장에 내가 들어가 있고
나의 눈 속에 그대가 있으면

세상 모든 것을 포기하더라도
그대와 함께할 수 있습니다

그대가 내 아픈 가슴에
멍으로 남아 있는 것이 아쉽습니다

내가 나비 되어 하늘로 날아갈 때까지 그대는 나의
머릿속 한자리에 남아 있으니까요

나의 선생님

늘 다정하게 말씀하시던
우리 선생님
언제나 차분하게 바라보시던 우리 선생님

중학 시절 국어 담당하시던
우리 담임 선생님
말썽 피워도 웃음으로 넘기시던 우리 선생님

졸업 앞두고 마지막으로
인사드릴 때 그래 잘 돼야 한다고 하신 말씀이
사십여 년이 지난 지금도
곁에 계시는 것 같은
우리 선생님

그때 선생님 영향이 지금
내가 있는 것 같습니다
어느 드라마에서 선생님이
우리 선생님 같아서
한없는 눈물을 흘렸습니다

아픈 밤

찬 바람 타고 날아갈 것 같습니다
그리움 타고 날아갈 것 같습니다
어둠이 나를 누르고 있습니다
새벽이 나를 잡아 놓았습니다

겨울밤이 아픕니다
어루만져 보는 그대 얼굴을
볼 수 없는 새벽이 아픕니다

아름다운 눈동자 어여쁜 미소가
어둠 속에 다가옵니다 새벽차 소리에
내가 미쳐 가고 있습니다

그대 곁에 가고 싶은 내가
미쳐 가고 있습니다
어둠이 가고 날이 밝아오면 가고 없는
그대가 부럽습니다

아침이 오면 또 다른 내가 되는 것이
부끄럽습니다
그대처럼 뒤돌아 가고

싶은 마음인데
그게 안 되는 내가 싫어집니다

따스한 그대

차가운 눈물이 나고 있습니다
얼음처럼 시림이
가슴속을 파고듭니다

유리 같은 얼음 속으로
내가 들어가고 있습니다

그대 따스한 미소가 그립습니다
그대 따스한 음성이 그립습니다

나는 얼음 녹일 수 있는
따스한 힘이 필요합니다
따스한 사랑이 필요합니다

천수만

하얀 눈과 얼음이 파도 타고
가사리 해안가 밀려
하얀 바다 되고

붉은 황토를 깎아놓은 절벽
위 소나무 녹색 어우러지는
바닷가 모래 위를
엄마 손 잡고 걸어가는 아이

오륙 십 년 세월 머릿속 그림
앞에 머물고
검은 머리 이슬 내린 세월이
멀어진 그림 찾아 헤매고

어둠 속 꿈속에 그린 그림이
지워진 캠퍼스 위에는
얼룩진 눈물만 흩어진다

새로운 생각과 삶을

2위 그룹을 멀리 두고
달리는 마라톤 선수처럼
시대를 앞서간다는 것은
고독한 질주이다

삶이 그리 흥미롭거나
만족한 행복도 없기에
새로움으로 다시 시작에
발을 나서본다

지난날 회상의 딜레마는
마음을 혼란 게 하고
내 삶은 내가 선택하기 이전에
앞에서 움직여 왔다

내가 살아야 할 희망과
살아야 할 책임이
나와 아무런 상관없이
나의 의지나 선택에
의무감 없이
그렇게 세월은 가고 있다

비록 인생의 쓴잔을
맛을 보았어도
자랑할 수 없는 삶이라 해도
내 인생을 미화하거나
의미 축소도 하지
않을 것이다

앞날에도 좋으리라는
보장은 없다
하지만 나의 일이 있고
자신이 있는 한

새날에 두려움이 있지만
지금의 이 모습으로
당당하게 살고 싶다

겨울 안개

하얀 어둠 속
알 수 없는 그곳으로
내가 감추어집니다

세상이 등을 돌리고
세월이 큰 걸음으로
섣달그믐 앞에 와
손 벌려 빨리 오라고 합니다

수많은 아픔과 슬픔으로
뭉쳐진 함박눈이 쏟아지는 겨울
섣달그믐과 정월 틈새 사이로
내 곁에 오고 있습니다

한 해 끝에 와 있는 나는
세월 닮은 눈이 나를 볼 수 없게 합니다
환한 어둠이 나를 막아섭니다
하루의 끝이 한 달 한해 끝이 되는 것을

겨울 종점

그리움이 끝이라면
사랑 그리움이
행복 찾는 길에 끝으로
겨울 종점으로 알고 싶습니다

그대 오시는 길에 비도 오고
눈과 바람을 피하며 눈 쌓인
빙판길과 덜컹거리는 길을
오신다고 하십니다

그대 오신다고 하면 오시는 길
겨울 종점에서 기다릴 겁니다
겨울 종점에서 기다리는 시간이
길지 않기 바랄 뿐입니다

기다리는 시간 앞에 놓인 겨울 종점
싸늘한 벤치에서 싸늘해진
그대 마음 녹여줄 따스한 사랑
품에 안고 기다리겠습니다

찐빵

겨울비 소리 내며 내린다
아련한 옛 그림자가 오고 있다
울 어머니 광주리 머리에 이고
면장에 다녀오신다

차가운 비는 온몸을 파고들 터인데
말없이 걸어오신다
광주리 속엔 식지 않게 덮어 놓은 찐빵

자식에게 따스한 빵을
먹이기 위하여 차가운 겨울비 맞으며
길을 서둘러 오신다

겨울비 내리는 날이면
하얀 모습에 어머님이
그리워 가슴 아파져 옵니다

찬 바람 불어오는 동산에 마른 잔디
이불 덮고 계신 어머님 그립습니다

다시 모습 볼 수 없는 어머니

생전에 하지 못했던 말
어머니 사랑합니다

그대의 소리

저쯤에서 들려오는 것 같은
그대의 작은 소리는
발걸음을 멈추게 하여
그대를 떠오르게 합니다

그대는 나의 눈을 보이지 않게 하고
나의 귀를 들리지 않게 해 놓고
어디인지 모를 길을 나를 두고 가면서

그대로 인하여 내가 멈추어 선 길을
다시 가라 하면
나는 혼자는 가지 않으렵니다
그대 그립고 사무쳐 가지 않으렵니다

이 자리에 돌이 되어도
이 자리에 고목이 되어도
그대 오시는 앞에서
움직일 수가 없습니다

정녕 그대가 오지 않는다 하여도
나는 그대에 치마 끝자락이라도 보아야

마음을 내려놓을 것 같은 마음으로
그대를 기다리겠습니다

눈물 꿈

별빛 사라지는 하늘을 보면
코끝이 찡한 느낌 오며
안경 속에 흩어지는 영상은
앞을 볼 수 없게 한다

콧등 사이 따라 흘러내려
따뜻한 찝찔함으로 입속에 스며들며
집중을 흐려놓아도
한없이 그칠 줄 모르는 눈물

세상이 무너지는 것 같아
가슴 아파해도
답답한 마음이 뒤척이는
몸 사이로 들어온다

눈물샘은 마르지 않고
소리를 내 울면서
한없는 흐느낌이
나를 잠에서 깨운다

서글픔이 한이 되어 슬픔의

눈물이 흐르도록
꿈에 눈물의 의미를 찾아
다시 눈을 감아본다

도시 속에 그대

거리를 헤맨다
거리에서 누군가 찾아본다
하지만 그곳엔 그대가 없다
둘러보고 또 봐도
그곳엔 그대가 없다

나는 누구를 기다리나
알 수 없는 세상을
알 수 없는 인연을
알 수 없는 시간 속으로
내가 가고 있다

도시 벌판에 혼자 있다
바라보는 사람도 없다
홀로 발자국 세어가며
오던 길을 돌아본다

어느 카페에서 바라보는
사람들의 발걸음에서
누구를 기다리는 이도
그대라는 누구를 위하여

거리를 서성거리며
기다림을 위로해본다
사당역 어느 카페에서

마음을 주고 싶은 사람

마음을 주고 싶은 사람이
있으면 좋겠습니다

마음의 정과 미소를 주고 싶은
사람이 있으면 좋겠습니다

내 모든 것을 주어도
아깝지 않을 것 같은 사람이
있으면 좋겠습니다

노래를 불러줄 사람이
있으면 좋겠습니다

아름다운 사랑을 담아서
그대 즐겁게 해주고 싶은 그런 사람이
있으면 좋겠습니다

잠자는 영혼까지도
사랑하고픈 그런 사람이
내게 있으면 좋겠습니다

세상에서 가장 아름답고
소중한 그런 사람이 내게
있으면 좋겠습니다

여명

어둠이 여명 속으로
빨려 들어간다

오늘에 힘의 원천이
그 속에 있고

그 무언가 그 속에
감추어 놓고

누군가를 기다리는 것
같기도 하여

오늘도 여명 속으로
내가 간다

12월의 꿈

부서진 반쪽짜리 눈이
너울거리며 흔들흔들
춤을 추고 있다

얼굴을 여기저기 비벼대는
찬 바람도 불고 있다

지난봄 그리운 사랑 찾아 수줍은 발자국 세어가며
여름 속 매미 울음 되어 갈 때쯤

황홀한 색으로 짙은 화장한 낙엽
손 언저리에 왔다가 사라지고
땅이 얼어 가는 겨울

기다린 그리운 사랑
어둠 속으로 스며드는
12월의 밤을 기다려 보지만

찢기고 기울어진 섣달에 달력은 못다 한 사랑
흔적 남아 흐릿하게 번져 간다

그림과책 시선 197

그대는 가을입니다

초판 1쇄 발행일 _ 2019년 10월 1일

지은이 _ 김수길
펴낸이 _ 손근호

펴낸곳 _ 도서출판 그림과책
출판등록 2003년 5월 12일 제300-2003-87호

03030 서울 종로구 통일로 272, 210호(송암빌딩)
도서출판 그림과책
전화 (02)720-9875, 2987 _ 팩스 (02)720-4389
도서출판 그림과책 homepage _ www.sisamundan.co.kr
후원 _ 월간 시사문단(www.sisamundan.co.kr)
E-mail _ munhak@sisamundan.co.kr

ISBN 978-89-94753-97-3(03810)

값 12,000원

◆ 잘못된 책은 교환해 드립니다.
◆ 저자와의 협의로 인지는 생략합니다.

이 도서의 국립중앙도서관 출판예정도서목록(CIP)은 서지정보유통지원시스템 홈페이지(http://seoji.nl.go.kr)와 국가자료공동목록시스템(http://www.nl.go.kr/kolisnet)에서 이용하실 수 있습니다. (CIP제어번호 : CIP2019037568)